AF186705

Notizen

Notizen

Dieses Buch widme ich meiner Familie.

Danke für eure Unterstützung.

Herstellung und Verlag:
BoD – Books on Demand, Norderstedt
ISBN:978-3-7481-9321-0

Die
Umzugsbibel

Clever umziehen mit der Umzugsbibel

Stressfrei ins neue Heim

Vorwort

Kapitel 1:Umzugsplanung

- Trautes Heim Glück allein? - Wichtige Fragen vor dem Umzug

- Welche finanziellen Aspekte sollten beachtet werden?

- Diese Vorbereitungen und Faktoren sind vor dem Umzug essenziell

- Sicherheit geht vor: Diese Absicherungsquellen sind unverzichtbar

- So finden Sie schnell und einfach einen passenden Umzugsservice

- Checkliste Umzugsplanung

Kapitel 2:Umzug mit der Familie

- Ein Umzug hat viele Gesichter

- Mit Kind und Kegel sorgenfrei umziehen

- Stressfrei mit Haustieren das neue Heim beziehen

- So gelingt der Umzug mit Senioren optimal

- Checkliste Umzug mit der Familie

Kapitel 3:Frische Ideen für den Umzug

- Wohnortwechsel leicht gemacht – Wichtige Tipps und Tricks

- So gelingt eine räumliche Veränderung ideal

- Top 10 außergewöhnliche und praktische Wohnideen

- Checkliste frische Ideen für den Umzug

Nachwort

Urheberrecht:

Eine Übersetzung, Reproduktion, Weiterverarbeitung oder andere ähnliche Handlungen für kommerzielle Zwecke sind nicht erlaubt. Ebenso ist ein Wiederverkauf oder eine andere Veröffentlichung ohne eine schriftliche und ausdrückliche Zustimmung vom Autor/Lizenzgeber nicht gestattet.

Clever umziehen mit der Umzugsbibel

Stressfrei ins neue Heim

Booklet / Zusammenfassung:

Wer schon einmal einen Umzug erlebt hat, der weiß das sich nicht nur einfach die Meldeadresse ändert. Hinter einem Wohnortwechsel verbergen sich viel Stress, Zeitverlust und nicht zu unterschätzende Kosten. Sind Sie vielleicht auch:

- gestresst von den vielen Aufgaben, die noch auf Sie zukommen?

- überfordert mit der ganzen Situation und den Wohnortwechsel mit Kind und Kegel?

- ratlos, wie Sie am besten Ihren Umzug in Eigenregie stemmen?

- unsicher, welche Reparaturen in Ihrer alten und neuen Wohnung gemacht werden

- müssen?

- planlos, wie Sie die Organisation Ihres Umzugs am besten gestalten?

- ideenlos, wie Sie Ihre neue Wohnung überzeugend einrichten können?

Dann wird Ihnen dieses Buch sehr viele nützliche und praktische Tipps aufzeigen, damit Sie nie wieder mehr zu viel Geld für Ihren Umzug bezahlen. Setzen Sie auf die gebündelte Informationskraft meines Ratgebers und gelangen Sie mit dem fundierten Wissen dieses Ratgebers stressfrei in Ihr neues Zuhause.

Clever umziehen mit der Umzugsbibel

Stressfrei ins neue Heim

Vorwort

Für viele Menschen ist ein Umzug gleichbedeutend mit dem Beginn eines neuen Lebensabschnitts. Der Studienbeginn in einer fremden Stadt, das Zusammenziehen mit dem geliebten Partner oder aber der Antritt einer neuen Arbeitsstelle. - So vielfältig wie ein Wohnortwechsel, können auch die Gründe für einen Umzug sein. Dieser Aspekt zeigt deutlich, dass sich nicht nur einfach die Meldeadresse in dem Ausweis ändert.

Ein Umzug stellt den Betroffenen und alle Beteiligten in erster Linie vor eine sehr große Herausforderung. Es müssen potenzielle Wohnungen bzw. Häuser besichtigt und das bestmögliche Objekt ausgewählt werden. Auch ob der Umzug in Eigenregie oder aber mit einem professionellen Umzugsunternehmen über die Bühne gebracht werden soll, muss im Vorfeld geklärt werden. Insbesondere wenn Kinder oder ältere Menschen mit in eine neue Umgebung ziehen, sind entsprechende und zusätzliche Maßnahmen essenziell.

Ein Umzug ist also nicht nur einfach mit dem Packen der eigenen Sachen abgetan. Es muss alles logistisch und finanziell bis ins kleinste Detail geplant werden, damit der Wohnortwechsel schnell und problemlos gelingt. Schließlich ist nichts schlimmer, als am Tag des Umzugs gestresst und genervt vor einem großen Chaos zu stehen. Damit dies nicht passiert, werde ich Ihnen in den nachfolgenden Seiten meines Ratgebers einige Tricks und Tipps für einen cleveren und stressfreien Umzug aufzeigen. Sie erfahren unter anderem, wie Sie genau Ihren Umzug planen können. Was Sie am besten alles vor dem Wohnortwechsel ins Auge fassen sollten, um im späteren Verlauf keine Probleme zu erhalten. Oder auch was Sie bei Gefahrengut alles beachten müssen.

Des Weiteren zeige ich Ihnen einige nützliche Tipps, wie Sie mit vielen Habseligkeiten schnell und einfach umziehen und den besten Umzugsservice wählen. Natürlich spielt dabei auch das sichere Umziehen von besonders schützenswerten Personen, wie älteren Menschen oder Kindern, eine zentrale Rolle.

Auch beim Umzug mit den geliebten Haustieren, zeige ich Ihnen unterschiedliche Aspekte auf, die je nach Tierart beachtet werden müssen. Wie Sie sehen, ist ein Umzug nicht immer gleich. Sie sollten also möglichst früh die entsprechenden Maßnahmen planen und beginnen. Nur so können Sie Ihren Umzug wirklich stressfrei über die Bühne bringen. Und keine Sorge. Mit den erhaltenen Informationen meines Ratgebers wird auch Ihr Umzug ein echtes Kinderspiel. Sie werden nicht nur selbst bei zukünftigen Umzügen stets von dem erworbenen Wissen profitieren, sondern auch Ihren Freunden und Ihrer Familie in dieser besonderen stressigen Zeit helfen können.

Trautes Heim Glück allein? - Wichtige Fragen vor dem Umzug

Ein stressfreier und optimaler Umzug beginnt schon mit einer soliden Planung. Sicherlich spielen Sie mit dem Gedanken schon länger, in eine neue Umgebung zu ziehen. Sei es aufgrund des Beginns einer neuen Arbeitsstelle oder aus anderen oder privaten Gründen. Manchmal kann es aber auch sein, dass Sie sich einfach vergrößern oder verkleinern müssen, da sich neue Aspekte in Ihrem Leben verändert haben. Vielleicht haben Sie auch einfach nur Lust auf einen Tapetenwechsel und möchten Ihre Vergangenheit hinter sich lassen? Egal aus welchen Gründen Sie einen

Wohnortwechsel anstreben. - In jedem
Fall sollten Sie sich einige wichtige
Fragen vor dem Umzug stellen, damit
dieser problemlos über die Bühne geht.

Welche Quellen können für die Wohnungssuche genutzt werden?

Damit Sie überhaupt ein potenzielles
Objekt finden können, sollten Sie
natürlich auch auf geeignete Quellen
setzen. Für eine solide Recherche
eignen sich neben den Anzeigen in den
regionalen Zeitungen auch Aushänge an
öffentlichen Treffpunkten, wie dem
Supermarkt oder ein Einkaufszentrum.
Aber auch verschiedene
Suchmaschinen im Internet stellen in
unserer modernen Welt eine sehr gute
Möglichkeit für die Recherche dar. Wenn

Sie sich im Internet auf die Suche nach Ihrem Traumobjekt begeben, so sollten Sie unbedingt auf die Seriosität des Anbieters achten. Wenn der Anbieter ein gewerblicher Vermieter oder Verkäufer ist, so sollten Sie am besten nach Bewertungen von bisherigen Mietern bzw. Käufern Ausschau halten. Auch der Internetauftritt des Anbieters kann erste und wichtige Anhaltspunkte über die Seriosität liefern. Gibt es zum Beispiel eine ordentliche und vollständige Adresse, Steuernummer und weitere Kontaktdaten? Sind die Bilder des Angebots hochwertig und werden wichtige Eckdaten zu dem Objekt gegeben? Sobald Sie auch nur ein schlechtes Gefühl haben oder sich nicht sicher sind, fragen Sie lieber eine Verbraucherzentrale in Ihrer Nähe um Rat. Hier können Sie auch einen soliden

Ansprechpartner finden, wenn einmal Probleme in einem Miet- oder Kaufverhältnis entstehen sollten.

Wohin soll die Reise genau gehen?

Wenn Sie zum Beispiel aufgrund eines Arbeitswechsels von Berlin nach Hamburg ziehen, sollten Sie sich auch die Frage stellen, in welchem Ortsteil Sie genau wohnen möchten. Denn je nach eigenem Budget, den persönlichen Verhältnissen oder den individuellen Vorstellungen können sich immer andere Gegenden eignen. Haben Sie zum Beispiel Kinder, so sollten Sie in ein Gebiet mit passenden Kindergärten bzw. Schulen in der Nähe ziehen. Auch das Verkehrsnetz und die Anbindung an öffentlichen Verkehrsmitteln spielen hierbei eine zentrale Rolle. Natürlich sollte die Parkplatzlage am Objekt in diesem Schritt zusätzlich bedacht werden. Des Weiteren sollten Sie parallel auch auf eine mühelose und einfache Verpflegungsmöglichkeit achten. Insbesondere wenn Kinder oder ältere Menschen mit umziehen, sollten nahegelegene Supermärkte schnell erreichbar und auch mit entsprechenden Hilfsmitteln, wie Rollatoren, mühelos begehbar sein.

Welches Objekt passt zu mir?

Je nach den persönlichen Verhältnissen kann sich natürlich auch immer ein unterschiedlich großes Objekt eignen. Wenn Sie zum Beispiel eine Katze als Haustier haben, die ein Freigänger ist, sollte die Wohnung bestenfalls ebenerdig liegen. Auf diese Weise kann der kleine Entdecker seine Auszeiten immer ganz nach seinem Bedarf wählen. Darüber hinaus wäre in diesem Fall auch ein Objekt optimal, bei dem kein großes Verkehrsaufkommen zu finden ist. Bei einem Umzug mit älteren Menschen muss darüber hinaus im Einzelfall auch auf ein altersgerechtes Wohnen inklusive entsprechender Einrichtungsgegenstände geachtet werden. Wenn jedoch ein Umzug mit Kindern ansteht, sollte das Objekt auf die Anzahl und das Alter des Nachwuchses ausgerichtet werden. Auf diese Weise kommt im späteren Verlauf kein böses Erwachen und die Zimmer der Kinder können leichter auf die Bedürfnisse des Älterwerdens angepasst werden.

Welchen Zeitpunkt sollte ich für meinen Umzug wählen?

Wenn Sie sich für ein Objekt entschieden haben und der Umzug feststeht, so sollten Sie einen festen Tag für den Wohnortwechsel wählen. Falls Sie einen Umzugsservice beauftragen ist die Koordination an dieser Stelle nicht so schwierig. Wenn Sie allerdings den Umzug alleine organisieren, so sollten Sie einen Tag wählen, an dem der Transporter, die Umzugshelfer, der Transportwagenfahrer sowie eine Umzugsanmeldung verfügbar und möglich sind. Denn an manchen Orten müssen Sie einen Umzug bei Ihrer regionalen Behörde anmelden und den Parkplatz entsprechend markieren. Kümmern Sie sich demzufolge rechtzeitig um alle notwendigen Aspekte, um keine Nachteile zu erhalten.

Wie kann ich den Umzugstag noch besser planen?

In der Zeit vor, während und nach dem Umzug sollten Sie in jedem Fall Urlaub einplanen. Denn ein Umzug ist natürlich nicht nur mit einem höheren Kosten- sondern vor allem auch mit einem nicht zu unterschätzenden Zeitfaktor verbunden. Beantragen Sie aus diesem Grund rechtzeitig Urlaub bei Ihren Arbeitgebern, um so wenig wie möglich Stress zu haben. Schließlich ist nichts schlimmer als den Wohnortwechsel zwischen Tür und Angel zu vollziehen und im Nachhinein völlig entkräftet zu sein. Wenn Sie aber Urlaub in dieser Zeit haben, können Sie im Nachgang das neue Heim in Ruhe einrichten, alles auspacken und ggf. im Baumarkt nach weiteren benötigten Materialien Ausschau halten.

Welche finanziellen Aspekte sollten beachtet werden?

Ein Umzug ist natürlich immer mit nicht zu unterschätzenden Kosten verbunden. Nicht nur der Umzugsservice oder ein Transporter an sich können Kosten verursachen. Auch die Ummeldung, Kartons oder notwendiges Werkzeug stellen einen erheblichen Kostenfaktor dar. Aus diesem Grund sollten Sie auch der finanziellen Komponente eine ausreichende Beachtung schenken. Wenn Sie aber die folgenden Fragen schon vor dem Umzug geklärt haben, können Sie auch diesem Aspekt ohne große Sorgen entgegentreten.

Wie können passende Umzugsmaterialien beschafft werden?

Je nachdem ob Sie den Umzug in Eigenregie stemmen oder doch lieber ein professionelles Unternehmen beauftragen, müssen Sie unterschiedliche Kosten berücksichtigen. Denn oftmals ist ein Umzugsunternehmen natürlich teurer als eine entsprechende Eigenleistung. Allerdings haben Sie auf der anderen Seite mit einem Umzugsservice natürlich auch einen höheren Komfort. Nichtsdestotrotz sollten Sie die zu transportierenden Gegenstände und Habseligkeiten natürlich schon vor dem Wohnortwechsel optimal verpacken. Hierfür benötigen Sie natürlich entsprechende Kartons und robuste Körbe, die auch schwere bzw.

hochwertige Gegenstände solide schützen können. Wenn Sie die Kartons und Materialien in einem Baumarkt erwerben, so kann sich dies als sehr kostspielig erweisen. Aus diesem Grund sollten Sie sich schon möglichst früh auf die Suche nach Kartons, Körben und weiteren Transportmitteln begeben, um ideal Kosten einzusparen. Eine gute Anlaufstelle wären Schrotthändler. Denn diese nehmen zwar auch oftmals Papier an, recyceln dieses und zahlen hierfür einen gewissen Betrag aber mittlerweile immer weniger Kartons. Dennoch können vorherige Kunden mitgebrachte Kartons kostenlos entsorgen. Wenn Sie bei einem Schrott- und Recyclinghändler in Ihrer Nähe nachfragen, ob Sie sich die Kartons mitnehmen dürfen, so sollten Sie dies problemlos können. Alternativ können

Sie natürlich auch eine Vereinbarung treffen, in der Sie mitgebrachte Zeitungen und alte Papiere im Austausch für die Kartons und Umverpackungen anbieten. Behalten Sie aber in jedem Fall genügend Zeitung über, damit Sie im späteren Verlauf auch Ihr Geschirr und Besteck kostengünstig einwickeln können. Des Weiteren können Sie auch in einem Supermarkt in Ihrer Nähe nach Kartons fragen, die generell entsorgt werden würden. Auch eine Nachfrage in Ihrem Bekannten oder Verwandtenkreis lohnt sich an dieser Stelle immer.

Wie finde ich einen kostengünstigen Transporter?

Neben den eigentlichen Verpackungen können auch Transporter für einen Umzug in Eigenregie einen immensen Kostenfaktor darstellen. Um hier eine günstige Variante zu finden, sollten Sie sich frühzeitig auf die Suche nach günstigen Angeboten in Autoverleih-Services in Ihrer Nähe begeben. Dies können Sie zum einen durch eine Recherche im Netz oder mittels einer telefonischen Anfrage der Anbieter erreichen. Vergleichen Sie die Angebote der Anbieter miteinander und messen Sie vorher das zu transportierende Gut entsprechend aus. Denn nichts wäre fataler, als wenn Sie zwar ein günstiges Angebot finden, aber das Transportgut für den Transporter zu groß wäre.

Natürlich sollten Sie sich an dieser Stelle auch um eine Person bemühen, die den fahrbaren Untersatz fahren kann und darf. Sie wollen schließlich keine Gefahrenquelle darstellen oder Strafen durch Behörden befürchten.

Wie finde ich geeignete Umzugshelfer?

Wenn Sie keine finanziellen Mittel für einen professionellen Umzugsservice besitzen, sollten Sie sich auch auf die Suche nach Umzugshelfern begeben. Fragen Sie hierfür in Ihrem Bekannten und Verwandtenkreis nach, ob Sie eventuell jemand zu dem gewählten Umzugszeitpunkt tatkräftig unterstützen kann. Alternativ gibt es im Internet auch immer wieder Anzeigen von Nachbarschaftshilfen und

Umzugshelfern, die für einen kleinen Obolus ihre Hilfe anbieten. Allerdings sollten Sie diese Personen genau prüfen, ob sie auch seriös und zuverlässig sind. Denn nichts ist schlimmer, als wenn Sie zwar alles ordentlich und bis ins Detail geplant haben, aber am Umzugstag mit Ihren Kartons alleine da stehen. Treffen Sie sich deshalb vorher öfter mit den Personen und versuchen Sie eine emotionale Bindung aufzubauen. Aus psychologischer Sicht können Sie zum einen überprüfen, ob die „Chemie" stimmt und zum anderen machen Sie es dem Gegenüber schwerer, Sie mit Ihrem Anliegen alleine zu lassen.

Welche postalischen Aspekte sollte ich beachten?

Einige Monate bevor Sie umziehen, sollten Sie in jedem Fall auch behördliche Aspekte nicht außer acht lassen. Denn auch wenn Sie in Ihrer alten Wohnung nicht mehr wohnen oder gemeldet sind, so können dennoch Briefe und Pakete an diese Adresse geliefert werden. Schließlich machen auch Behörden und andere Unternehmen Fehler. Damit Sie Ihre Post auch wirklich bekommen und keine Konsequenzen befürchten müssen, sollten Sie einen Nachsendeauftrag bei der Post stellen und an all Ihre Vertragspartner eine Umzugsmitteilung schicken. Der Nachsendeauftrag bei der Post ist kostenpflichtig und kann preislich je nach gewünschten

Leistungen schwanken. Sie können zum Beispiel auswählen, ob nur Briefe, ausschließlich Pakete oder alle Sendungen an Ihre neue Adresse zugestellt werden sollen. Es empfiehlt sich jedoch ein Nachsendeauftrag für sämtliche Sendungen zu stellen, da Sie auf diese Weise auch eventuell wichtige Sendungen erhalten. Eine Umzugsmitteilung sollte zudem an sämtliche Vertragspartner, wie Handyvertrag, Krankenkassen, Arbeitgeber, Ärzte, Versicherungen oder Banken übermittelt werden. An dieser Stelle reicht ein Zweizeiler mit Ihrer neuen Adresse im Zentrum und einer eventuellen Kundennummer zur besseren Identifikation aus. Denken Sie aber an weitere Kontaktmöglichkeiten, wie eine E-Mail-Adresse oder Telefonnummer, damit Sie der

Empfänger notfalls bei Rückfragen erreichen kann. Auf diese Weise sind Sie immer auf der sicheren Seite.

Wie kann ich die Renovierungsarbeiten so günstig wie möglich halten?

Je nachdem, was in Ihrem Mietvertrag vereinbart wurde, fallen für eine Renovierung Ihres alten Heims unterschiedliche Kosten an. Ob so genannte „Schönheitsreparaturen" gemacht werden müssen, wurde beispielsweise in diesem Vertrag festgehalten. In diesem Zusammenhang sind der tatsächliche Zustand des gemieteten Objekts, die Dauer des eigentlichen Mietverhältnisses sowie der Arbeitsumfang der Reparaturen entscheidend. Achten Sie deshalb immer genau auf die Formulierungen Ihres Mietvertrags und lassen Sie diesen vor der Vertragsunterzeichnung notfalls von einem Rechtsanwalt oder einer Verbraucherzentrale überprüfen. So sind zum Beispiel auch Formulierungen wie „das Objekt muss mit weißen Wänden übergeben werden" unwirksam. Denn der Mieter ist in seinem dekorativen Geschmack frei und kann die Wohnung farblich so gestalten, wie es ihm beliebt. Allerdings muss die Wohnung in einem wieder vermietbaren Zustand übergeben werden. Dies bedeutet, dass auch eine farblich neutrale Wanddekoration gewählt werden muss, der die breite Masse anspricht. Damit Sie sich so viel Arbeit, Zeit und Kosten wie möglich ersparen, sollten Sie also vor dem Kündigen des Mietverhältnisses einen Rechtsbeistand um Rat fragen. Dokumentieren Sie auch beim Einzug in eine neue Wohnung den Zustand des Objekts. Dies kann mittels Bildern und einen Zeugen gemacht werden. So sind Sie im späteren Verlauf abgesichert, falls es einmal zu Unstimmigkeiten kommen sollte. Falls Sie zu dem Punkt „Schönheitsreparaturen" nichts in Ihrem bestehenden oder künftigen Mietvertrag finden sollten, so gibt es natürlich auch gesetzliche Regelungen in Deutschland. Diese besagen, dass generell eine malermäßige Überarbeitung der Mietsache erfolgen muss. Allerdings richtet sich der Umfang der Arbeiten nach dem§ 28 Absatz 4 Satz 3 II. Der Berechnungsverordnung (kurz II. BV). Nach dieser Verordnung umfassen Schönheitsreparaturen das Kalken, Anstreichen oder Tapezieren der Decken und Wände. Auch das Streichen der Heizkörper sowie Heizrohre und Fußböden fällt hier mit rein. Ebenso gehört auch das Streichen der Fenster, Innentüren und Außentüren von innen zu den Schönheitsreparaturen. Wie Sie sehen, wird also in erster Linie einiges an Farbe benötigt, um einen wieder vermietbaren Zustand der Wohnung zu gewährleisten. Je nach Mietdauer und Nutzung fallen allerdings die Kosten hierfür unterschiedlich hoch aus. Achten Sie aus diesem Grund auf eventuelle Mängel und günstige Angebote von Farben, Spachtelmasse und Ähnlichem. Oftmals gibt es günstigere Angebote im

Internet als in einem Baumarkt. Auch wöchentliche Angebote in einem Discounter können sich hier finanziell lohnen.

Diese Vorbereitungen und Faktoren sind vor dem Umzug essenziell

Neben der Suche nach einem passenden Objekt und dabei finanziellen Aspekten sind auch noch weitere Kriterien vor einem Umzug wichtig. Zum Beispiel müssen Sie sich auf die Suche nach einem neuen Internetanbieter, Festnetzanschluss oder Fernsehanbieter begeben. Je nach Wohnort können hier unterschiedliche

Kosten und Leistungsangebote möglich sein. Recherchieren Sie daher rechtzeitig und vergleichen Sie alle bestehenden Anbieter miteinander, um das bestmögliche Angebot für Ihre neues Zuhause zu erhalten. Aber noch weitere Vorbereitungen sollten Sie vor den Wohnortwechsel beachten:

Die Anmeldung bei Schulen, Kindergärten etc.:

Wer mit Kind und Kegel umzieht, der weiß wie stressig eine Suche nach der idealen Schule für den Nachwuchs sein kann. Nicht nur die Qualität der Bildungseinrichtung ist entscheidend. Auch das Leistungsangebot an außerschulischen Aktivitäten sollte immer auf die Vorlieben und Bedürfnisse des Nachwuchses ausgerichtet sein. Auf diese Weise können sich die Kinder viel besser und schneller einleben.

Die Ummeldung am neuen Wohnort:

Nicht nur die eigene Ummeldung sondern auch die der Kinder sollten an dem neuen Wohnort nicht vergessen werden. Denn hier gibt es nach dem Wohnortwechsel bestimmte Fristen. Wer diese verpasst, macht sich unter Umständen strafbar und muss Gebühren zahlen. Aus diesem Grund sollte die Ummeldung eines der ersten Handlungen an Ihrem neuen Wohnort sein.

Ausmessen der Einrichtung und Transportwege:

Wenn Sie sich vergrößern oder verkleinern wollen, muss natürlich auch die bestehende Einrichtung auf das neue Zuhause abgestimmt werden. Hierfür sollten die Einrichtungsgegenstände gründlich ausgemessen und auf den neuen Grundriss ausgerichtet werden. Lassen Sie sich daher schon im Vorfeld noch vor dem Umzug in das neue Heim den Grundriss aushändigen. Auf diese Weise können Sie neue Einrichtungsgegenstände viel leichter erwerben. Darüber hinaus sollten Sie auch die Transportwege, wie das Treppenhaus oder den Fahrstuhl ausmessen, um mögliche Schäden durch den Umzug zu umgehen.

Sich von alten und unnötigen Dingen trennen:

Ein Umzug stellt für viele Menschen den Beginn eines neuen Lebensabschnitts dar. Somit ist dies auch der ideale Zeitpunkt und Anlass, um sich von alten und unnützen Dingen zu trennen. Sortieren Sie nicht mehr benötigte Sachen aus und verkaufen Sie diese. Fangen Sie hierfür am besten schon einige Monate vor den Wohnortwechsel an. Auf vielen Plattformen können Sie scheinbar nicht mehr wertvolle Dinge dennoch an den Mann bringen und sich so einige Taler für den späteren Umzug zur Seite legen.

Sperrmüll- und Sondermüll-Termine festlegen:

Wenn Sie beim Ausmisten Ihres Kellers, Dachbodens oder der Wohnung auch Dinge finden sollten, die Sonder- oder Sperrmüll sind, so sollten Sie auch hierfür möglichst frühzeitig Termine für eine Entsorgung vereinbaren. Denn nichts ist schlimmer, als wenn Sie diese Sachen noch unnötig mit in Ihre neue Wohnung nehmen und diese dann einfach nur wichtigen Platz beanspruchen.

Die Verpflegung am Umzugstag:

Nicht nur die Anmeldung des Umzugs, der Transporter, das Einpacken sowie die Sicherung des Guts mit Zeitungspapier, Kartons oder abgestimmten Materialien spielen bei einem Umzug eine wesentliche Rolle. Auch die Verpflegung am Tag des Umzugs sollte nicht vergessen werden. Insbesondere, wenn Sie private Umzugshelfer engagieren schaffen Sie mit einer Planung von ausreichenden Pausen und dem Anbieten von einer abgestimmten Verpflegung, wie belegten Brötchen, Kaffee und Tee, Anreize und neue Energie.

Angebote von Umzugsunternehmen einholen:

Wenn Sie den Umzug nicht alleine stemmen wollen oder können, so sollten Sie die verschiedenen Speditionen in Ihrer Nähe möglichst früh kontaktieren und Angebote einholen. Auf diese Weise können Sie die entsprechenden Angebote der Dienstleister viel besser und schneller miteinander vergleichen und sich für das bestmögliche entscheiden.

Handwerker-Termine abstimmen:

Auch Handwerker-Termine sollten Sie schon vor Ihrem Umzug planen und hierfür mögliche Freiräume schaffen. Denn nicht nur Ihre alte Wohnung muss ggf. durch Handwerksarbeiten auf Vordermann gebracht werden. Auch das neue Zuhause kann eventuell einige Reparaturen benötigen. Aus diesem Grund halten Sie sich auch für solche Termine entsprechend Zeiten frei.

Versorgungswerke informieren:

Für den Auszug aus Ihrer alten Wohnung sollten Sie zudem auch Ihr Versorgungswerk informieren.
Vereinbaren Sie rechtzeitig einen Termin zum Ablesen Ihrer alten Zählerstände. Auch mögliche Termine für Schornsteinfeger, Heizungsablesungen oder Telefon, DSL sowie Kabel fallen hier mit rein. Darüber hinaus sollten Sie sich auch Angebote der Versorgungswerke an Ihrem neuen Wohnsitz einholen. Durch einen einfachen Vergleich der Anbieter können Sie schnell ein Gespür für das Leistungsangebot entwickeln und Ihnen fällt es leichter, sich für das passende Angebot zu entscheiden.

Die Kündigungsfristen beachten:

Damit Sie in Ihr neues Zuhause ziehen können, müssen Sie natürlich Ihren Mietvertrag kündigen. In der Regel gibt es eine Kündigungsfrist von drei Monaten. In dieser Zeit müssen Sie aus Ihrer alten Wohnung raus sein. Damit Sie keine zusätzlichen Kosten haben, sollten Sie auf einen nahtlosen Übergang der Zeiträume der Mietverhältnisse achten. Auch das Kündigen von anderen Verträgen, wie zum Beispiel von dem Internetanbieter, sollte an dieser Stelle bedacht werden. Sie können sich, um so wenig Stress wie möglich zu haben, auch Hilfe bei einem kompetenten Versicherungsdienstleister in Ihrer Nähe holen. Dieser kann Ihnen nicht nur bei der Kündigung von bestehenden

Hausratsversicherungen und Ähnlichem helfen, sondern Ihnen auch neue und kostengünstigere Angebote aufzeigen und vermitteln. Begeben Sie sich deshalb schon frühzeitig auf die Suche nach einem geeigneten Versicherungspartner und geben Sie gezielt Arbeit ab.

Gartenarbeiten:

Je nachdem ob zu Ihrer Wohnung oder Ihrem Haus auch ein Gartenstück gehört, müssen entsprechend Gartenarbeiten berücksichtigt werden. Fangen Sie aus diesem Grund Gartenarbeiten, wie Rasenmähen, Unkraut jäten oder das

Heckenschneiden, möglichst früh an. So schonen Sie Ihre Nerven und erschaffen sich wichtige Zeiträume für andere Dinge.

Eine Anzeige für einen Nachmieter aufgeben:

Insbesondere für Mieter einer Wohnung ist es wichtig sich frühzeitig, am besten schon sechs Monate vor einem Umzug, auf die Suche nach einem Nachmieter zu begeben. Hierfür eignen sich Anzeigen im örtlichen Supermarkt am schwarzen Brett, Annoncen im Internet oder auch in sozialen Netzwerken. Je mehr die Werbetrommel gerührt wird, desto höher sind die Chancen schnell und zuverlässig einen Nachmieter zu finden. Scheuen Sie sich auch nicht davor Anzeigen von Wohnungssuchenden zu lesen und diese Personen zu kontaktieren. Auch hier gibt es gute Chancen schnell einen passenden Kandidaten zu finden.

Wohnungsübergabe und ggf. Abstandszahlungen mit dem Vermieter klären:

Nicht nur die Wohnungsübergabe für die neue Wohnung sollte umfassend geklärt werden, auch die Übergabe mitsamt einem ausführlichen Übergabeprotokoll sollte bedacht werden. Erstellen Sie sich am besten selbst ein Wohnungsprotokoll, dokumentieren Sie den Zustand Ihrer alten und neuen Wohnung mit Bildern und nehmen Sie sich einen Zeugen mit. Wichtig ist hierbei, dass der Zeuge namentlich vorgestellt wird, um die Rechtskräftigkeit im späteren Verlauf bei Unstimmigkeiten zu unterstreichen. Klären Sie zudem auch eventuelle Abstandzahlungen mit dem Nachmieter möglichst frühzeitig. Darüber hinaus sollten Sie sich auch finanzielle Freiräume für die Kautionen oder Provisionen freihalten. So laufen Sie nicht Gefahr, sich gleich beim Einzug in die neue Wohnung zu verschulden. Alternativ können auch Ratenzahlungen sinnvoll sein und mit dem neuen bzw. alten Vermieter vereinbart werden.

Kostenplan erstellen:

Da ein Umzug immer mit Kosten verbunden ist, sollten Sie auch hier schon früh mit dem Erstellen eines Kostenplans anfangen. Auf diese Weise erschaffen Sie sich einen Überblick über alle möglichen und anfallenden Kosten und können mögliche Schulden frühzeitig abwenden. Darüber hinaus bietet Ihnen der Kostenplan auch die Möglichkeit, potenzielle Steuerersparnisse oder Rückerstattungen zu finden. Fragen Sie am besten Ihren Steuerberater um Rat, ob, wie viel und welche Kosten des Umzugs steuerlich absetzbar sind. Eventuell lassen sich so einige Gelder im späteren Verlauf auch wieder zurück holen. Heben Sie hierfür natürlich alle Quittungen und Belege auf, um die

Kosten für die Steuererklärung
nachweisen zu können.

Einrichtungsplan erstellen:

Neben einen Kostenplan ist auch ein
Einrichtungsplan für Ihr neues Zuhause
sehr empfehlenswert. Hierfür sollten Sie
sich am besten schon so früh wie
möglich einen Grundriss Ihres neuen
Heims aushändigen lassen. Auf diese
Weise können Sie die Einrichtung
besser planen und das Stellen der
Einrichtungsgegenstände am Tag des
Umzugs besser koordinieren. Es werden
auf diese Weise keine unnötigen
Handgriffe gemacht und Zeit sowie

Arbeit gespart. Besonders wenn Sie den Umzug in Eigenregie stemmen, werden Ihre Umzugshelfer Ihnen an dieser Stelle mehr als dankbar sein. Achten Sie deshalb auch darauf, ob Ihre bestehenden Teppiche oder Gardinen in Ihre neue Wohnung passen. Messen Sie deshalb schon bei der Besichtigung einer potenziellen neuen Wohnung immer nach.

Krankenkasse oder Banken wechseln:

Ein Umzug ist nicht selten auch ein guter Grund um die bestehende Bank oder Krankenkasse zu wechseln. Denn oftmals bieten diese Institutionen entsprechende Wechselprämien an, die einen lohnenswerten Schub für die doch recht karge Umzugskasse bieten können. Informieren Sie sich also rechtzeitig über lohnenswerte Angebote und achten Sie auf das Leistungsangebot der Anbieter. Auf diese Weise können Sie sich einen finanziellen Mehrwert sichern bei einem gleichem Leistungsspektrum.

Mitgliedschaften und Abos:

Wenn Sie bisher ein Zeitschriftabonnement oder eine Mitgliedschaft in einem Verein besitzen, so sollten Sie prüfen, ob Sie diese nicht kündigen bzw. ändern wollen.
Schließlich können auch Fitnessstudio-Mitgliedschaften nicht mehr viel bringen, wenn Sie einen kompletten

Wohnortwechsel vollziehen. Dasselbe gilt für Zeitschriftenabonnements oder regionale Vereinsaktivitäten.

Informationen und Kulturangebote über die neue Wohngegend:

Gerade wenn Sie in einen komplett neuen Ort ziehen sind Informationen über wichtige Adressen und Telefonnummern, wie Notrufnummern oder Behörden, sehr wichtig. Recherchieren Sie solche Informationen über regionale Besonderheiten schon frühzeitig, damit Sie im Notfall abgesichert sind. Oftmals haben einige Vermieter auch hierfür schon Listen, die sie auf Nachfrage aushändigen. Alternativ finden Sie wichtige Anlaufstellen in Stadtbüros oder anderen zentralen Einrichtungen eines Ortes auf einer Liste zusammengefügt. Diese Listen werden zudem auch von vielen Behörden kostenlos bereit gestellt. Des Weiteren bietet es sich an, auch nähere Informationen über das Kulturangebot des neuen Standorts einzuholen. Insbesondere wenn Sie mit Kindern oder älteren Menschen umziehen, sollten Sie hier auf abgestimmte Einrichtungen, wie Schwimmhallen, Museen, Zoos oder soziale Einrichtungen setzen.

Adressaufkleber mit der neuen Adresse organisieren:

Wenn Sie umziehen, ist es empfehlenswert, die neue Anschrift allen Freunden, Bekannten und der Familie mit Briefen und Adressaufklebern mitzuteilen. So können Sie schnell und einfach die Briefe verschicken. Zudem sollten Sie sich um Namensaufkleber für Briefkästen oder Mülltonnen kümmern. Wenn Sie keine Werbung in Ihrem neuen Zuhause erhalten möchten, sind auch entsprechende Aufkleber für Briefkästen für diesen Zweck empfehlenswert. Wer von Zuhause aus arbeitet, der sollte des Weiteren auch die Visitenkarten mit der neuen Adresse anpassen und sich um eine rechtzeitige Bestellung bemühen.

Sicherheit geht vor:

Diese Absicherungsquellen sind unverzichtbar

Insbesondere wenn Sie Ihren Umzug alleine stemmen, sollten Sie der Sicherheit eine große Aufmerksamkeit schenken. Nicht nur Ihre eigene Sicherheit ist in diesem Zusammenhang gemeint. Auch die der Helfer und ggf. Umzugsangestellten sollten Sie hier mit einbeziehen. Aus diesem Grund sollten Sie folgende Aspekte und Materialien für einen Umzug bedenken und verwenden:

Sicherheitskleidung:

Egal ob Sie Malern oder andere Tätigkeiten für Ihren Umzug durchführen. Eine entsprechende Arbeits- und Schutzkleidung ist Pflicht. Tragen Sie am besten am Tag des Umzugs sowie der Renovierung reißfeste und beständige Sicherheitskleidung. Greifen Sie auch auf Handschuhe und Sicherheitsschuhe zurück, wenn Sie zum Beispiel schwere Gegenstände, wie eine Waschmaschine, transportieren wollen. Darüber hinaus sollten Sie auch auf eine solide und lückenlose Absicherung des Transports achten. So sollten idealerweise Möbelstücke mit Sicherheitsgurten gesichert und mit entsprechenden Umverpackungen geschützt werden.

Richtige Werkzeuge wählen:

Ein Umzug bzw. eine Renovierung geht
mit dem Verwenden von passenden
Werkzeugen Hand in Hand. Wenn Sie
nicht qualitatives oder passenden
Werkzeug verwenden, erhöhen Sie das
Verletzungsrisiko enorm. Kaufen Sie
sich aus diesem Grund schon vor der
Renovierung oder Umzugs
entsprechende Materialien oder
schauen Sie Ihre Bestände einmal
gründlich durch. Alte und nicht mehr
funktionierende Werkzeuge können Sie
in diesem Schritt einfach aussortieren
und entsorgen.

**So finden Sie schnell und einfach
einen passenden Umzugsservice**

Sie haben sich für eine neue Wohnung
entschieden und möchten den Umzug
nicht komplett allein stemmen? Dann
können Sie auch ganz einfach auf einen
professionellen Umzugsservice in Ihrer
Nähe zurückgreifen. Selbstverständlich
sollten Sie für einen professionellen
Umzug auch die entsprechenden
Kosten und Organisationsaspekte
berücksichtigen. Und an dieser Stelle ist
gesagt: Ein Profi möchte natürlich auch
angemessen entlohnt werden. Je nach
Umfang der Umzugsguts und der
vorliegenden Aufwendungen kann ein
Umzugsservice immer unterschiedlich
hohe Honorare verlangen. Aus diesem
Grund ist es sehr wichtig, die
verschiedenen Angebote von

Umzugsunternehmen schon vor einer Beauftragung miteinander zu vergleichen. Aber noch weitere Faktoren sind bei der Beauftragung eines Umzugsunternehmens wichtig.

Die angemessene Vorbereitung:

Wie bei einem Umzug in Eigenregie, ist auch bei der Beauftragung eines Unternehmens eine lückenlose Vorbereitung sehr wichtig. Hierfür muss das zu transportierende Gut zunächst einmal gesichtet, ggf. entrümpelt und anschließend anmessen verpackt werden. Kartons und Verpackungsmaterial können Sie natürlich auch bei dem Umzugsunternehmen für diesen Zweck erhalten. Allerdings erhöht sich natürlich dann auch der Preis. Besser wäre es also, wenn Sie das Transportgut schon frühzeitig einpacken und sich um die Verpackungsgüter im Vorfeld kümmern. Hier eignen sich zum Beispiel Supermärkte oder Altpapierunternehmen als Anlaufstelle sehr. In vielen Fällen können Sie hier sich Kartons und weitere Materialien nach Absprache kostenlos mitnehmen. Es heißt also: Wer nicht fragt, der nicht gewinnt. Seien Sie einfach mutig und fragen Sie nach. Im Einzelfall lassen sich auch hier bestimmt günstige Alternativ-Absprachen machen. Wenn Sie Ihr Hab und Gut eingepackt haben, sollten Sie nun ein Gespür für Ihr Leistungsbedürfnis haben. Denn je genauer Sie die Menge des Umzugsguts beim Unternehmen angeben können, desto besser können

Sie kalkulieren. Je nach Art und Umfang des Guts können Sie also insgesamt den Umzug durch das Umzugsunternehmen besser planen und entsprechende Angaben machen.

__Welches Leistungsangebot ist für mich das Richtige?__

Es ist natürlich auch entscheidend, mit wie viel Umzugsgut und welcher Art von Transportgut Sie umziehen wollen. So ist es in der Regel natürlich günstiger, wenn Sie mit Ihren wenigen Habseligkeiten aus einer Einraumwohnung umziehen. Als wenn Sie einen gebündelten Umzug mit einer vierköpfigen Familie und Ihrem Hab und Gut aus einem mehrstöckigen Haus die Segel setzen. In der Regel bieten Umzugsunternehmen deshalb verschiedene Leistungspakete an:

Komplett-Umzug:

Bei dieser Leistungsart übernimmt der Umzugsservice sämtliche Arbeiten, die bei einem Umzug anstehen. Dies umfasst den Transport, das Packen der Umzugskisten, den Möbel auf und

Abbau oder ggf. auch das Reinigen der Wohnung. Bei diesem Leistungsangebot erhalten Sie also ein Rundum-sorglos-Paket. Natürlich kostet diese Dienstleistung auch entsprechend viel.

Standartumzug:

Bei dieser Umzugsart packen Sie das Transportgut selbst ein. Dabei übernimmt das Umzugsunternehmen lediglich den Transport des Guts von A nach B. In der Regel können aber zusätzliche Leistungen, wie zum Beispiel einen Möbelabbau dazu gebucht werden.

Beiladung:

Dieses Angebot richtet sich in der Regel an Personen, die einzelne Möbelstücke nicht allein transportieren wollen oder können. Dabei wird das Möbelstück zusammen mit einem Gut eines anderen Umzugs transportiert, der auf derselben Route liegt. Aus diesem Grund ist dieses Angebot in der Regel besonders günstig und lohnenswert.

Planung des Umzugsbudgets: Ein weiterer wichtiger Aspekte bei der Suche nach dem passenden Umzugsservice ist das Festlegen eines realistischen Umzugsbudgets. Recherchieren Sie aus diesem Grund im Internet nach einem Umzugskostenrechner um die möglichen Umzugskosten besser einschätzen zu können. Erst dann sollten Sie sich die Angebote von verschiedenen Unternehmen einholen und miteinander vergleichen.

So erkennen Sie einen seriösen Umzugsservice

Neben den allgemeinen Aspekten eines Umzugs ist es auch wichtig, einen seriösen Partner an der Seite zu haben, wenn Sie sich für einen Umzugsservice entscheiden. Gehen Sie aus diesem Grund immer auf die Internetseite des Anbieters und überprüfen Sie das Impressum.

Ist hier eine vollständige Anschrift mit einer Festnetznummer zu finden? Kann das Unternehmen mit einem Handelsregistereintrag und einer Registrierung beim Bundesverband Möbelspedition und Logistik (AMÖ) e.V. auftrumpfen? Sind diese Faktoren nicht gegeben, so sollten Sie skeptisch sein und gerade von besonders günstigen Angeboten Abstand nehmen. Darüber hinaus sind auch folgende Aspekte wichtig:

- Gibt es einen festen
- Ansprechpartner im Unternehmen?
- Wird auf Ihr Anliegen schnell und kompetent reagiert?

- Werden qualifizierte Mitarbeiter vom Unternehmen beschäftigt oder agieren hier nur
- Aushilfen?
- Gibt es die Möglichkeit für ein (kostenloses) Vorgespräch?
- Wird Ihre Wohnung von einem Mitarbeiter in Augenschein genommen, bevor ein konkretes Angebot verschickt wird? Falls nicht kann das Unternehmen eine ausführliche Umzugsliste anfertigen?
- Wird in dem Angebot eine lückenlose Leistungsbeschreibung geliefert? Und werden
- in diesem Zusammenhang auch sämtliche Leistungen mit Festpreisen versehen?

- Gibt es allgemein leicht verständliche Haftungsbedingungen und AGB?

Sollten diese genannten Punkte nicht eindeutig von einem Unternehmen geklärt werden können, sollten Sie vorsichtig sein und sich lieber für ein Unternehmen entscheiden, das diese Punkte erfüllen kann. Achten Sie zudem auch auf Bewertungen von bisherigen Kunden. Fallen diese negativ aus, sollten Sie auch wenn das Angebot verlockend günstig ist, lieber ablehnen. Schließlich möchten Sie nicht am Tag des Umzugs alleine da stehen oder mit beschädigtem Umzugsgut in Ihre neue Wohnung ziehen.

Fotografieren Sie am besten auch immer den Zustand Ihres Transportguts, insbesondere von Möbeln, vor dem Umzug. Ein Zeuge, der dies bestätigen kann ist auch sehr empfehlenswert. Auf diese Weise sind Sie abgesichert, falls das Umzugsunternehmen dennoch Schäden an Ihren Möbeln verursachen sollte. Und Sie bleiben somit auch nicht auf den entstandenen Kosten sitzen und haben bei möglichen Rechtsstreitigkeiten eine bessere Grundlage geschaffen.

Checkliste Umzugsplanung

Wie Sie in den voran gegangenen Zeilen erkennen konnten, ist mit einem Umzug nicht einfach nur das Einpacken und Transportieren von Ihren Habseligkeiten verbunden. Damit ein

Umzug auch wirklich gelingen kann, bedarf es in erster Linie einer soliden und ausgewogenen Planung.

Es ist also sehr wichtig, dass Sie die genannten Aspekte beherzigen, damit Sie für Ihrem Umzug nicht zu viel bezahlen müssen. Oder im schlimmsten Falle sogar am Umzugstag mit unverrichteter Dinge alleine dastehen. Damit dies nicht passiert, habe ich Ihnen die wichtigsten Aspekte einmal in einer kurzen und bündigen Checkliste zusammengefasst.

Kreuzen Sie hierfür einfach die Faktoren an, die auf Ihre individuelle Situation passt. Je nach Objekt, ob Wohnung oder Haus, können sich somit immer unterschiedliche Kriterien vorrangig anbieten. Drucken oder Kopieren Sie sich am besten die nachfolgende Seite und unterstreichen Sie sich ggf. die Aspekte, die noch nicht erledigt sind.

Auf diese Weise vergessen Sie keines der elementaren Faktoren und bringen den Umzug wirklich stressfrei über die Bühne.

Empfehlenswert ist es zudem, wenn Sie zu der Checkliste jetzt spätestens auch damit beginnen einen Kosten und Einrichtungsplan zu erstellen. Am besten fertigen Sie hierfür eine kleine Mappe an, die an einen festen Standort gelegt wird. Auf diese Weise geht die Mappe in dem Umzugsstress nicht verloren und Sie können erledigte Arbeiten schnell und einfach durchstreichen.

Aber nun zu der Checkliste und dem gebündelten und kurzen Überblick der bisher genannten wichtigsten Faktoren:

Checkliste Umzugsplanung

Aufgabe	Erledigt	Wird erledigt am
Auf die Suche nach einer neuen Wohnung begeben (Internet, soziale Netzwerke, Anzeigen etc.) und Wohngegend beachten	o Ja o nein	
Umzugsdatum festlegen und Umzugshelfer, Transporter, Fahrer oder Umzugsservice finden	o Ja o nein	
Die alte Wohnung entrümpeln und Altes aussortieren	o Ja o nein	
Umzugsmaterialien, wie Kartons und Zeitungen, beschaffen	o Ja o nein	

Umzugsgut vollständig einpacken und Transport- sicher machen	o Ja o nein	
Alte und ggf. neue Wohnung renovieren	o Ja o nein	
Ausmessen des Transportguts und der Transportwege	o Ja o nein	
Handwerker und Sperr- sowie Sondermülltermine vereinbaren	o Ja o nein	
Kosten- und Einrichtungsplan erstellen	o Ja o nein	
Alten Mietvertrag kündigen	o Ja o nein	
Urlaub für die Umzugszeit beantragen	o Ja o nein	

Halteverbotszone vor der alten und neuen Wohnung beantragen	o Ja o nein	
Kaution für die alte Wohnung zurück fordern	o Ja o nein	
Verträge (Internet, Telefon etc.) prüfen/kündigen und Versorgungswerke informieren	o Ja o nein	
Eventuell für den Tag des Umzugs einen Babysitter organisieren	o Ja o nein	
Umzugsprotokoll anfertigen und Zählerstände notieren	o Ja o nein	

Notizen

Ein Umzug hat viele Gesichter

Ein Umzug ist nicht immer bloß ein einfacher Wohnortwechsel. In erster Linie beginnt nun ein neuer Lebensabschnitt. Dies geschieht ganz von allein und unbewusst. Das Packen der Habseligkeiten und Verlassen bekannter Räume ruft unweigerlich ein Gefühl von Wehmut und eventuell auch Erleichterung in uns hervor.

Jedoch kann sich ein Umzug, egal wie oft Sie in Ihrem Leben auch noch umziehen, immer andere Herausforderungen und Aspekte hervor rufen. Insbesondere wenn ein Mehrgenerationshaushalt den Wohnort wechselt, stehen große Veränderungen bevor. Die Kinder haben in diesem Zusammenhang natürlich andere Bedürfnisse und Wünsche, als die

Eltern oder die ältere Generation. Aus diesem Grund ist es essenziell, ein neues Heim zu finden, dass die Bedürfnisse und Vorstellungen aller Beteiligten so gut wie möglich mit einschließt und erfüllt.

Darüber hinaus ist auch ein Umzug mit Haustieren immer eine besondere Herausforderung. Wenn Sie zum Beispiel mit einer Katze umziehen, so sollten Sie in der neuen Wohnung zum Beispiel auf entsprechende Sicherheitsvorrichtungen an dem Balkon und Fenstern achten. Bei einem Umzug mit einem Hund sollten Sie zudem geeignete Rückzugsmöglichkeiten für das Tier bedenken. Es gibt natürlich noch andere Tiere, die wir in unser Herz geschlossen haben und die mit in das neue Heim einziehen. Je nach Tierart sollten Sie somit immer auf eine artgerechte und abgestimmte Haltung achten. Auf diese tun Sie nicht nur dem

Tier etwas Gutes, sondern Sie werden von Ihrem Liebling auch lange und treu begleitet werden können.

Wie Sie sehen ist ein Umzug nicht immer gleich. Besonders wenn Sie mit einem Mehrgenerationshaushalt und Haustieren zugleich umziehen möchten, sollten in dem neuen Zuhause natürlich sämtliche Bedürfnisse berücksichtigt werden. Ist dies nicht der Fall, so werden Sie auf kurz oder lang in Ihrem neuen Heim nicht glücklich werden. Und dies ist natürlich nicht in Ihrem Sinne. Es empfiehlt sich daher, schon bei der Anfrage an einer Wohnungsgesellschaft oder an einen Makler ehrlich zu sein. Geben Sie alle relevanten Faktoren schon im Vorfeld an. Wie viele Personen welche Altersklasse bzw. mit besonderen gesundheitlichen Merkmalen ziehen mit ins neue Heim? Werden auch Haustiere umziehen? Wenn ja welche Tierart und Anzahl?

Wenn Sie schon im Vorfeld ehrlich und transparent sind, können Sie im späteren Verlauf auch viel besser eventuellen Problemen vorbeugen.

Sicherlich ist eine Wohnungssuche gerade mit vielen Kindern und Haustieren nicht immer so einfach. Nichtsdestotrotz wird der Vermieter oder Verkäufer die späteren Tatsachen natürlich herausfinden. Und nichts ist schlimmer, als wenn Sie gerade erst in einer neuen Wohnung angekommen sind und schon wieder umziehen müssen oder schlimmstenfalls auf der Straße stehen. Sichern Sie sich im Zweifelsfall mit Zeugen und einer schriftlichen Vereinbarung ab, dass Sie zum Beispiel mehrere Katzen oder Hunde halten dürfen. So können Sie auch bei eventuellen Problemen besser agieren bzw. Zeit für eine neue Wohnungssuche herausschlagen.

Aber auch wenn Sie nicht an mögliche negative Aspekte denken ist ein Umzug allein, mit Kindern, mit Senioren oder aber mit Haustieren schon stressig und nervenaufreibend genug. Damit Sie aber auch hier bestmöglich vorbereitet sind, helfen Ihnen die nachfolgenden Zeilen. Lesen Sie die verschiedenen Gesichtspunkte zu den unterschiedlichen Umzugsfaktoren aufmerksam durch und seien Sie so auch in Zukunft für jeden Umzug bestens gewappnet.

Mit Kind und Kegel sorgenfrei umziehen

Besonders wenn Sie mit Kindern umziehen, ist sehr viel Sorgfalt und Organisationstalent gefragt. Denn je nach Alter und ggf. gesundheitlichen Faktoren sind immer andere Aspekte relevant. Damit Sie aber ein Umzug mit

Ihrem Nachwuchs bestmöglich gelingt
sind folgende Faktoren sehr wichtig:

Achten Sie auf nahe gelegene Kindergärten und Schulen:

Je nach Alter der Kinder sollten natürlich
auch entsprechende Kindergärten und
Schulen in der Nähe des neuen Heims
zu finden sein. Besonders wenn der
Nachwuchs noch recht klein ist, sind
längere Wege und Zeiten zu
Bildungseinrichtungen oftmals schwierig.
Auch wenn Sie noch weiteren
Nachwuchs planen sollten, sollten Sie
hier auf Tagesmütter, Kindergärten und
weiteren Einrichtungen in der Nähe des
neuen Zuhauses achten. Auf diese
Weise erleichtern Sie Ihrem Nachwuchs
zum einen das selbstständige Gehen
von und zu den Einrichtungen und zum
anderen werden Sie die Orte vor Ihrer
Arbeit viel schneller und stressfreier
erreichen können. Schauen Sie sich bei

einer Wohnungsbesichtigung also nicht nur den Preis eines Objekts an, sondern auch die Wohngegend um das Verkehrsnetz. So erleichtern Sie sich im späteren Alltag immens Arbeit und können sich selbst auch einmal Ruhephasen gönnen.

Umzugspläne frühzeitig ansprechen:

Egal in welchem Alter Ihr Nachwuchs sich auch befindet. - Ein Umzug stellt immer eine große Bedrohung dar. Und das sowohl für kleine Kinder als auch für Jugendliche. Schließlich werden die Kinder plötzlich aus Ihrem gewohnten Umfeld gerissen und müssen sich nun an einer neuen Schule oder anderen Einrichtungen zurecht und Freunde finden. Wenn Sie Ihren Kindern Ihre Umzugspläne also kurz vor knapp mitteilen, werden Sie natürlich einen großen Widerstand ausgesetzt. Ihre Kinder werden Ihnen die schnell gefassten Pläne, egal aus welchen Gründen auch immer, sehr übel nehmen. Dies ist natürlich auch bei einer frühzeitigen Mitteilung der Umzugspläne möglich. Allerdings können Sie hier Ihrem Nachwuchs sämtliche Faktoren und Aspekte der Umzugspläne in Ruhe erklären. Müssen Sie beispielsweise aus beruflichen Gründen umziehen, so nehmen Sie sich die Zeit, und erklären Sie Ihren Kindern die Hintergründe genau. Beziehen Sie sie auch in der Wahl sowie Einrichtung des neuen Heims mit ein. In vielen Fällen bietet es sich auch an, dies nach einiger Zeit spielerisch zu machen. Wenn sich Ihre Kinder an den Gedanken des Umzugs etwas gewöhnt haben, zeigen Sie Ihnen die wahrheitsgemäßen Vorteile auf. Es ist wichtig, Versprechungen wie: „Du bekommst ein eigenes Zimmer." auch einzuhalten. Machen Sie keine

Versprechungen, die Sie später nicht einhalten können oder wollen. Dies würde im schlimmsten Falle die komplette Situation nur schlimmer und angespannter machen. Nehmen Sie Ihren Kindern schon frühzeitig mögliche Ängste und gehen Sie behutsam und mit viel Geduld mit ihnen in dieser besonderen Umzugszeit um.

Größe und Schnitt der Wohnung festlegen:

Gerade wenn Sie mit mehreren Kindern einen Umzug sorgenfrei stemmen wollen, ist es wichtig, dass Sie auf eine angemessene Größe und einen optimalen Schnitt der neuen Wohnung achten. Sie sollten Rückzugsmöglichkeiten und Raum für Ihren Nachwuchs berücksichtigen. Bei sehr kleinen Kindern sollten Sie zudem auf eine Kinder gerechte Einrichtung achten. In erster Linie sind hier bodennahe und ungesicherte Steckdosen zu nennen. Zudem sollten Sie auf Räume achten, die Sie mit einem Babygitter problemlos kindersicher gestalten können. Die Räumlichkeiten sollten des Weiteren eine ausreichende Größe besitzen, damit die Kinder mit Ihnen „mitwachsen" können. Denn nichts ist schlimmer, als wenn Ihr Baby zehn Jahre später einfach nicht mehr glücklich mit dem Kinderzimmer und der viel zu kleinen Größe ist und somit ein neuer unvermeidlicher Umzug entsteht. Besonders wenn Sie sich eigentlich in der Wohnung und Wohngegend wohl fühlen.

Zeit für neue Regelungen:

Je nach Erziehungsmethode ist ein Umzug auch immer eine Zeit für das Einführen von neuen Regelungen. Legen Sie neue Regelungen, wie zum Beispiel die Hilfe im Haushalt in der neuen Wohnung fest. Dies sollte aber erst nach einer gewissen Eingewöhnungszeit starten. Bei eventuellen Schwierigkeiten wäre ein Familienberater auch eine sehr gute Möglichkeit, um den Nachwuchs an die neue Umgebung zu gewöhnen. In einer Stadtverwaltung gibt es oftmals Ansprechpartner, an die Sie sich in diesem Fall wenden können. Hier können Sie auch eine psychologische Frühzeitberatung in Anspruch nehmen bzw. weiter vermittelt bekommen, falls es zu Schwierigkeiten kommen sollte.

Finanzielle Ansprüche und Möglichkeiten berücksichtigen:

Neben Kindergeld und vielen Vergünstigungen in Schwimmhallen und Vereinen können Sie auch weitere finanzielle Hilfen und Sonderleistungen beantragen. An erster Stelle ist hier das Wohngeld zu nennen. Dies können Sie in einer Stadtverwaltung Ihres neuen Wohnortes beantragen. Lassen Sie möglichst frühzeitig Ihren Anspruch auf Wohngeld prüfen. Auch wenn es nur 50,00 Euro monatlich für einen Haushalt sind, kann dieses Geld in schlechten Zeiten natürlich sehr gut tun. Zudem sollten Sie sich auch mit einem Steuerberater an Ihrem neuen Wohnort kurz schließen. Dieser kann Ihnen mögliche Absetzungsoptionen aufzeigen, die Sie in Ihrer Steuererklärung berücksichtigen können.

Stressfrei mit Haustieren das neue Heim beziehen

Auch mit Haustieren stehen Sie natürlich bei einem Umzug vor einer großen Herausforderung. Dabei sind nicht nur die üblichen Verdächtigen, wie Hund, Katze oder Maus, angesprochen. Auch exotische Tierarten, wie Schildkröten oder Schlangen, möchten natürlich stressfrei in das neue Zuhause einziehen. Damit dies gelingt, sollten Sie auf die nachfolgenden Aspekte achten:

<u>Die Nähe zum Tierarzt:</u>

Egal welches Haustier Sie auch besitzen. In jedem Fall müssen die Tiere in bestimmten Abständen auch einmal von einem Tierarzt begutachtet werden. Auch wenn Ihr tierischer Freund einmal krank werden sollte, ist es wichtig, keine langen und komplizierten Anfahrwege zu haben. Wenn Sie ein Fahrzeug besitzen, ist dies unter Umständen natürlich nicht so schwierig. Falls Sie allerdings zu Fuß alle Wege bewältigen müssen, ist es wichtig, auf eine entsprechende Nähe zu dem Tierarzt zu achten. Schauen Sie sich deshalb schon möglichst früh nach einem geeigneten Tierarzt um und lassen Sie bei der Wahl eines Arztes auch Bewertungen von anderen Haustierbesitzern mit einfließen. Durch eine einfache Recherche im Internet können Sie so schon geeignete Kandidaten ausfindig machen.

Umzug mit Katzen:

Wenn Sie mit einer Katze umziehen möchten, sollten Sie in dem neuen Zuhause auf mögliche Gefahrenquellen achten. Dies sind insbesondere ein Balkon, Fenster oder ungesicherte Steckdosen. Berücksichtigen Sie mögliche Kosten, die für eine tiergerechte und sichere Umgestaltung der Wohnung, durch zum Beispiel ein Katzengitter, einkalkuliert werden müssen. Zudem sollten Sie je nach Anzahl der Katzen auch immer entsprechend viele Katzentoiletten an unterschiedlichen Orten in der Wohnung aufstellen. Bei einer Katze empfehlen sich ein bis zwei Katzenklos. Bei zwei Katzen sollten es schon mindestens zwei bis vier Katzentoiletten sein. Da Katzenzubehör, wie Katzenfutter oder Katzenstreu, sehr schwer sind, sollten Sie auf einen Fahrstuhl oder eine niedrig eingeschossige Wohnung achten. Schließlich müssen Sie die gekauften Objekte sonst zukünftig immer bis in das oberste Stockwerk tragen. Bei Freigängern sollten Sie sich natürlich ausschließlich auf ebenerdige Objekte fokussieren, die kein ausgeprägtes Verkehrsnetz in der Nähe aufzeigen.

Umzug mit Hunden:

Des Menschen bester Freund ist der Hund. Dies wird umgangssprachlich so genannt. Und trifft insbesondere bei Haushalten mit Kindern und Hunden sehr zu. Denn hier kann das Zusammenspiel und Fördern perfekt beobachtet werden. Wenn Sie mit Ihrem Hund das neue Zuhause beziehen möchten, sollten Sie in erster Linie auf eine angemessene Größe sowie die Gegend der Wohnung achten. Denn je nach Rasse und den individuellen Bedürfnissen der Tiere benötigen die Hunde unterschiedlich viel Auslauf. Wenn Sie zum Beispiel einen Husky besitzen, empfiehlt sich eine ländliche Gegend bzw. eine Wohngegend mit viel Auslaufpotenzial. Dahingegen sind kleinere Hunderassen in der Regel schon mit einer kleineren Wohnung in der Stadt und entsprechenden Auslaufmöglichkeiten zufrieden.

Es kommt also immer auf Ihre Fellnase drauf an, welches Objekt für Sie das Richtige ist.

Umzug mit Nagetieren:

Egal ob Sie mit einer Maus, einer Ratte, Hamstern, Meerschweinchen oder Kaninchen umziehen wollen. - In jedem Fall sollten Sie auf ein eigenes Zimmer für Ihre Lieblinge achten. Denn je nach Tierart sind die Tiere nachtaktiv und können Sie so vom schlafen und entspannen abhalten. Zudem sollte auch das Zubehör, wie ein Auslaufkäfig und Futternäpfe, auf das Tier und die Raumgröße abgestimmt werden.

Umzug mit exotischen Tieren:

Eine besondere Herausforderung kann ein Umzug mit exotischen Tieren, wie Schlangen, Spinnen oder Schildkröten, darstellen. Zwar sind die Tiere in der Regel in einem Terrarium, dennoch fürchten sich die meisten Menschen vor ihnen. Viele Vermieter oder Verkäufer haben aus diesem Grund in dem Vertrag fest gehalten, dass solche Tierarten nicht gehalten werden dürfen. Achten Sie aus diesem Grund auf entsprechende Klauseln und auch eine artgerechte Haltung im neuen Zuhause.

So gelingt der Umzug mit Senioren optimal

Besonders für ältere Menschen ist ein Umzug eine große Herausforderung. Denn das Gewöhnen an eine neue Umgebung, das eventuelle Verkleinern von einem Haus zu einer kleineren

Wohnung oder das Entsorgen von jahrelang gehüteten Objekten. All diese Dinge sind für Senioren bei einem Wohnortwechsel wesentlich schlechter zu verarbeiten als für junge Erwachsene. Damit aber auch ein Umzug für ältere Menschen optimal gelingt, sind folgende Aspekte besonders wichtig:

Die richtige Objektgröße finden:

Gerade wenn Senioren sich aufgrund verschiedener Umstände verkleinern müssen, kommen schon die ersten Probleme. Wohin mit all den ganzen Sachen, die über die Jahre angesammelt wurden? Sicherlich ist nicht alles für eine Entsorgung bestimmt. Ein einfaches Aussortieren der Habseligkeiten nach emotionalen sowie praktischen Nutzen bleibt nicht aus. Doch damit auch die aussortierten Dinge einen Nutzen aufzeigen, sollten diese am besten verkauft werden.

Hierfür eignen sich nicht nur Auktionshäuser oder Flohmärkte. Auch im Internet gibt es eine Vielzahl an unterschiedlichen Plattformen, bei denen selbst ältere oder wertlos geglaubte Stücke entsprechend Liebhaber finden. Wer hier also neben dem Aussortieren noch etwas Geld machen möchte, der sollte seine Habseligkeiten genau prüfen und es auf einen Verkaufsversuch drauf ankommen lassen. Somit sollte das Selektieren der Habseligkeiten schon möglichst frühzeitig, etwa ein halbes Jahr vor dem Umzug oder noch früher, beginnen. Wer nicht so viel Zeit hat, der muss das Aussortieren wohl oder übel großflächig angehen oder Freunde und Bekannte um Unterstellmöglichkeiten bitten. Denn nichts ist schlimmer, als wenn Sie in Ihrer neuen und ggf. kleinen Wohnung zugestellt bis unters Dach leben müssen. Es ist also empfehlenswert, wenn Sie sich auf eine Objektgröße im Vorfeld

einigen und die obendrein auch für
Senioren geeignet ist.

Seniorengerechte Einrichtung:

Nicht nur ein Fahrstuhl kann in einem
Wohnungsblock eine wahre Wohltat für
Senioren sein. Auch die eigentliche
Ausstattung sollte im besten Falle
Senioren gerecht ausfallen. Hierunter
zählen zum Beispiel ebenerdige
Duschen, eine Badewanne mit Tür für
einen erleichterten Einstieg, Stützen und
Aufsätze an der Toilette, montierte
Haltegriffe in der Wohnung oder aber
auch praktische Küchengeräte wie
einen Thermomix. Da im Alter in der
Regel die Kraft eines Menschen
nachlässt, sollte dementsprechend auch
der Alltag für Senioren so mühelos und
kräftesparend wie möglich gestaltet
werden. Dies ist nur mit einer
abgestimmten und altersgerechten
Einrichtung möglich.

Finanzielle Hilfen beantragen:

Nicht nur Familien mit Kindern können finanzielle Hilfen beantragen und in Anspruch nehmen. Auch Senioren können von sozialen Leistungen, wie zum Beispiel Wohngeld, profitieren. Somit wäre ein Antrag bei der örtlichen Stadtverwaltung in jedem Fall einen Versuch wert. Aber auch weitere finanzielle Vergünstigungen, wie zum Beispiel Seniorengerichte oder bei Zooeintritten, sollten ältere Menschen in Anspruch nehmen. Das eingesparte Geld kann sich für eventuelle Neuanschaffungen für die neue Wohnung sehr lohnen.

Im Bedarfsfall auf einen Umzugsservice setzen:

Besonders wenn Sie als Senior einen Umzug alleine stemmen wollen, wäre ein Umzugsservice als Partner eine sehr gute Idee. Denn schließlich ist ein Umzug nicht nur ein großer finanzieller Posten sondern in erster Linie auch ein wahrer Kraftakt. Lassen Sie sich also am besten von Profis unterstützen, als unnötige Risiken einzugehen. Sparen Sie das nötige Geld am besten schon frühzeitig und holen Sie sich mehrere Angebote von Umzugsunternehmen ein. Auf diese Weise können Sie mögliche Schulden vermeiden und dennoch sorgenfrei in Ihr neues Zuhause ziehen.

Alters- und Behindertengerechte Supermärkte und Institutionen:

Besonders ältere Menschen sind in ihrer Mobilität des Öfteren sehr eingeschränkt. Aus diesem Grund sollten die Supermärkte und oftmals benötigten Einrichtungen nicht nur fußläufig schnell und einfach erreichbar sein, sondern vor allem auch ebenerdig bzw. altersgerecht begehbar sein. Dies erleichtert nicht nur den Alltag für Senioren enorm. Es fördert auch das Selbstvertrauen und die sozialen zwischenmenschlichen Fähigkeiten von älteren Menschen sehr.

Freizeit- und Kulturangebote:

Neben lebenswichtigen Zielen, wie Supermärkte, sollten auch andere Institutionen schnell und mühelos von Senioren erreichbar sein. Somit sollten auch karitative Einrichtungen oder Vereine für ältere Menschen in der Nähe der neuen Wohnung liegen.

Die Lage und Anfahrt:

Besonders wenn ein Senior auf einen Pflegedienst angewiesen ist, sollte er darauf achten, dass die neue Wohnung durch ein gutes Verkehrsnetz erreichbar ist. Dies erleichtert nicht nur die Arbeit für den Pflegedienst enorm, da dieser sein Ziel viel besser erreichen kann. Es ist auch ein wichtiges Kriterium, falls es einmal zu gesundheitlichen Problemen kommen sollte. Denn auch ein Krankenwagen oder ärztlicher Dienst kann die neue Wohnung auf diese Weise viel besser und schneller erreichen. Dies kann im Ernstfall sehr entscheidend sein.

Checkliste Umzug mit der Familie

Wie Sie anhand der vorangegangen Zeilen erkennen konnten, hat ein Umzug immer viele Gesichter. Aus diesem Grund ist ein Wohnortwechsel immer eine individuelle und persönliche Angelegenheit und sollte niemals unterschätzt werden. Je nachdem, ob ein Umzug mit Kindern, Haustieren, Senioren oder aber allein gestemmt werden soll. - In jedem Fall sind eine solide Planung und Organisation der Schlüssel für einen stressfreien und reibungslosen Umzug.

Nehmen Sie den Umzug mit Kind und Kegel in keinem Fall auf die leichte Schulter und denken Sie auch nicht daran, dass alles schon irgendwie klappen wird. Dies hat meist nämlich schlimme Folgen. Wenn Sie einen chaotischen Umzug hinter sich haben, werden Sie dies lange in Ihren Knochen spüren. Außerdem werden Sie womöglich auch das Gefühl haben, dass Ihre Batterien leer sind. Sie haben sich somit völlig verausgabt und brauchen eine ganz lange Zeit, um wieder wirklich auf den Beinen zu sein.

Damit Sie aber keinen unnötigen Belastungen ausgesetzt werden, sollten Sie sich unbedingt um einen strukturierten Umzug bemühen. Dies gelingt nur mit einer roten Faden in Ihrer Planung und Organisation. Die nachfolgende Checkliste wird Ihnen aber entscheidend bei Ihrer Organisation Ihres Umzugs helfen können.

Checkliste Umzug mit der Familie

Aufgabe	Erledigt	Wird erledigt am

Umzug mit Kindern

Aufgabe	Erledigt	Wird erledigt am
Nahe gelegene Kindergärten und Schulen finden	o Ja o nein	
Umzugspläne frühzeitig beim Nachwuchs ansprechen (am besten gleich nach dem der Entschluss konkret wurde)	o Ja o nein	
Größe und Schnitt der Wohnung festlegen und die Meinung der Kinder mit einbeziehen	o Ja o nein	
Finanzielle Ansprüche und Möglichkeiten recherchieren	o Ja o nein	

Umzug mit Haustieren

Einen Tierarzt in der Nähe finden	o Ja o nein	
Haltungsbedingungen berücksichtigen und Vermieter/Verkäufer auf Haustiere hinweisen	o Ja o nein	
Auf Vertragsbedingungen zu Haustieren im Mietvertrag achten	o Ja o nein	
Futterläden in der Nähe der neuen Wohnung ausfindig machen	o Ja o nein	

Umzug mit Senioren

Auf einen altersgerechten Wohnungseingang und Aufgang achten (Fahrstuhl, Unebenheiten)	o Ja o nein	
Eine altersgerechte Einrichtung in der neuen Wohnung berücksichtigen (ebenerdige Dusche, Badewanne mit Haltegriffen bzw. Glastür, etc.)	o Ja o nein	
Alters- und behindertengerechte Supermärkte und Institutionen in Wohnungsnähe recherchieren	o Ja o nein	
Notfallnummern und Notfall-Telefone recherchieren und bereit stellen	o Ja o nein	
Gutes Verkehrsnetz und fußläufige Wege zu wichtigen Anlaufstellen und Freizeitangeboten	o Ja o nein	

Auf einen altersgerechten Wohnungseingang und Aufgang achten (Fahrstuhl, Unebenheiten)	o Ja o nein	
berücksichtigen		
Finanzielle Hilfen beantragen (Wohngeld, Sozialgeld, etc.)	o Ja o nein	

Wohnortwechsel leicht gemacht – Wichtige Tipps und Tricks

Einen Umzug schnell und stressfrei hinter sich zu bringen, ist oft gar nicht so einfach. Neben den organisatorischen und allgemeinen Aspekten müssen noch viele weitere Faktoren bedacht werden, damit ein Umzug auch wirklich mühelos gelingt. Aber keine Sorge. Nachfolgend habe ich Ihnen einige Tipps und Tricks zusammen getragen, damit Sie vor diesem Unterfangen nicht mehr zurückschrecken müssen.

Das Richtige Packen der Kartons:

Auch beim Einpacken der Habseligkeiten können schon die ersten Fallstricke lauern. Es ist also sehr wichtig, dass Sie auch hier sehr strukturiert vorgehen. Packen Sie aus diesem Grund besonders zerbrechliche Güter niemals ohne einen gesonderten Schutz. Gerade Geschirr sollte idealerweise und kostengünstig in Zeitungspapier umwickelt werden. Natürlich können Sie auch professionelles Packpapier nutzen. Dieses ist aber in der Regel teurer als einfaches Zeitungspapier. Wenn Sie aber Rückstände von schwarzer Tinte auf Ihrem Geschirr in jedem Fall ausschließen möchten, so wäre Packpapier natürlich die bessere Lösung. Darüber hinaus sollten Sie beim Befüllen der Kartons eine bestimmte Reihenfolge beachten, um Schäden im späteren Verlauf so gut wie möglich auszuschließen. Füllen Sie aus diesem Grund keinesfalls zu viele Dinge in einen Karton. Bei besonders fragilen Objekten sollten Sie zudem auch darauf achten, dass sich die jeweiligen Objekte gegenseitig stützen. Eventuelle Lücken sollten mit Zeitungspapier bzw. Packpapier rundum gestopft werden. Generell sollten schwere Gegenstände immer nach unten gepackt werden und leichtere nach oben. Gerade Teller werden von echten Profis immer hochkant und einzeln in Papier gewickelt gepackt.

Geeignete Packmaterialien finden:

Natürlich bieten sich gerade Kartons, Packpapier oder Zeitungen für einen Umzug als Packmaterial sehr an. Darüber hinaus können Sie aber auch noch auf Kleiderkisten für hängende Kleidung, Luftpolsterfolien als Schutz für Spiegel oder Bilderrahmen sowie auch Schutzfolien für Polstermöbel oder Matratzen nutzen. Aber auch Decken als Schutz von sensiblen Oberflächen oder Klebeband zum Fixieren von Schubladen bieten sich sehr an. Gerade wenn ein Möbelstück viele Schubladen besitzt, sollten Sie diese fixieren, damit sie nicht beim Transport auf und kaputt gehen können. Um kostengünstig an solche Materialien heran zu kommen, empfiehlt es sich einmal im Freundes-, Familien- und auch Bekanntenkreis nachzufragen. Bestimmt wird sich hier jemand finden lassen, der Ihnen aushelfen kann.

Kartons beschriften:

Um für den Umzug besser gewappnet zu sein, empfiehlt es sich auch die Kartons jeweils zu beschriften. Kennzeichnen Sie die Kartons am besten mit einer Nummer, einem Hinweis, einem Bestimmungsort oder einer Kennzeichnung, dass es sich um etwas fragiles handelt. Auch ein Hinweis zu dem Inhalt, wie zum Beispiel Bücher, Geschirr oder Kleidung, kann beim Transport des Guts schon sehr helfen. So wissen die Umzugshelfer auch besser Bescheid, wie Sie mit den jeweiligen Kartons umzugehen haben.

Wenn Sie sich für eine Kennzeichnung mit einer Nummer entscheiden, ist es ratsam, auch eine entsprechende und zugehörige Kartonliste anzufertigen. Auf diese Weise lässt sich der Inhalt auf einem Blick identifizieren und Sie behalten das Zepter in der Hand. Bei einer Kennzeichnung mit dem Bestimmungsort können die Umzugshelfer weitestgehend selbstständig agieren und die Kartons bereits zu dem jeweiligen Bestimmungsort transportieren. Wenn Sie allerdings eine inhaltliche Beschreibung wählen, werden Sie im späteren Verlauf leichter an gesuchte Objekte gelangen. Natürlich können Sie auch ganz nach Ihrem Belieben einfach eine Kombination der jeweiligen Beschriftung-Arten wählen und sich so mehr Spielraum verschaffen. Bedenken

Sie aber, dass je mehr Sie auf den Kartons kennzeichnen, auch der Überblick und die Organisation darunter leiden können. Es heißt also weniger ist mehr.

Die richtige Packreihenfolge:

Besonders wenn Sie den Umzug in Eigenregie stemmen wollen, ist eine gezielte Packreihenfolge essenziell. Packen Sie also am besten unwichtige Sachen als erstes ein, die Sie in nächster Zeit nicht benötigen. So müssen Sie nicht ständig mehr an die ganzen Kartons ran und alles wieder raus holen. Am Morgen des Umzugs sollten dann nur noch die letzten und unverzichtbaren Gegenstände gepackt werden. Dies wären zum Beispiel die letzten Kleidungsstücke, Geschirrreste oder Waschutensilien.

Der Transport von Wertgegenständen:

Gerade bei einem Umzug kommt es immer einmal wieder vor, dass wichtige Dinge spurlos verschwunden sind.
Damit Ihnen das nicht passiert, sollten Sie bestimmte Vorkehrungen treffen. Transportieren Sie aus diesem Grund wichtige und wertvolle Dinge immer allein und separat vom Rest. Bringen Sie diese Gegenstände auch immer selbst in die neue Wohnung oder lagern Sie größere Objekte bei Eltern oder Vertrauten. Auf diese Weise können Sie einen Verlust von wertvollen Gut besser ausschließen.

So gelingt eine räumliche Veränderung ideal

Besonders wenn Sie in eine neue Gegend ziehen, ist es wichtig auch schnell Anschluss zu finden. Als Mensch sind wir schließlich ein hoch sensibles und soziales Wesen. Finden Sie also gezielt soziale Kontakte, auf die Sie sich verlassen können. Freunden Sie sich am besten schon frühzeitig mit Ihren Nachbarn an, um entsprechenden Nachbarschaftsstreitigkeiten vorzubeugen. Für dieses Vorhaben gibt es einige nützliche Tipps, die ich Ihnen in den nachfolgenden Zeilen vorstellen möchte.

Gibt es Gemeinschaftsräume?

Manche Wohnungen oder Häuserblöcke, gerade bei Wohngemeinschaften oder Wohnheimen, besitzen Gemeinschaftsräume. Insbesondere Waschräume oder das Treppenhaus wären hier sehr gute Beispiele. Diese Räume werden von allen Bewohnern zusammen genutzt und bieten eine gute Möglichkeit, um die anderen Mitbewohner des Hauses kennen zu lernen. Sie sollten diese Räumlichkeiten stets sauber und ordentlich halten, um sich das Zusammenleben mit den anderen nicht zu verscherzen.

Wie wird die Arbeit aufgeteilt?

Gerade Wohnblöcke teilen sich Aufgaben, wie das Reinigen des Treppenhauses oder den Winterdienst, unter sich auf. Achten Sie auf diese Aufgabenverteilung und sprechen Sie die Mitbewohner bei Unklarheiten einfach an. Dies ist auch eine gute Möglichkeit um mit den neuen Nachbarn ins Gespräch zu kommen. Vielleicht finden Sie so auch Menschen, die Sie nicht mehr aus Ihrem Leben missen möchten? In jedem Fall aber sollten Sie die zugeteilten Aufgaben ernst nehmen und ausführen. Falls Sie aber einmal verhindert sein sollten, können Sie Ihre Nachbarn mit einer kleinen Aufmerksamkeit, wie eine Süßigkeit, um Aufschub bitten. Dies ist nicht nur ein Gebot der Höflichkeit sondern wird

Ihnen auch die Möglichkeit geben, weitere Nachbarn und vielleicht potenzielle Lieblingsmenschen kennen zu lernen. Bieten Sie Ihren Nachbarn auch gern Ihre Hilfe an, wie zum Beispiel beim Tragen von Einkäufen oder dem Öffnen der Tür. Sie kommen so viel leichter ins Gespräch und werden auch einen guten Stand bei Ihren neuen Nachbarn haben. Gerade wenn Ihre Nachbarn des Öfteren Pakete für Sie entgegen nehmen sollten Sie sich bei Ihnen dafür bedanken. Falls Sie aber mitbekommen, dass Ihre Nachbarn die Annahme Ihrer Pakte nicht mögen, sollten Sie lieber auf eine Packstation zurück greifen. So erhalten Sie den Hausfrieden und schüren kein böses Blut.

Partys frühzeitig anmelden:

Gerade junge Leute möchten Ihre Wochenenden so gut es geht auskosten und feiern. Damit aber keine Streitigkeiten mit Ihren Nachbarn entstehen, sollten Sie Ihre Nachbarn schon frühzeitig über die Party bei Ihnen zu Hause informieren. Laden Sie Ihre Nachbarn doch auch einfach ein, wenn Sie sich mit diesen gut verstehen. Auf diese Weise umgehen Sie Streitigkeiten über eine auftretende Lärmbelästigung.

Top 10 außergewöhnliche und praktische Wohnideen

Zu einem Umzug gehört natürlich auch das Einrichten der neuen Wohnung. Viele Menschen sind an dieser Stelle einfach nur ratlos und überfragt. Schlimmstenfalls gefällt Ihnen die neue Einrichtung nicht oder sie fühlen sich nicht wie zu Hause und verspüren den Drang wieder umzuziehen. Aus diesem Grund sollten Sie sich mit einem Einrichtungsplan schon möglichst früh, am besten 6 Monate vor dem Umzug oder spätestens beim Erhalt des Grundrisses der neuen Wohnung, Gedanken um die Einrichtung machen. Neben der eigentlichen Grundeinrichtung gibt es aber auch Möglichkeiten, um Ihr neues Zuhause so schön, außergewöhnlich und praktisch zu gleich zu gestalten. Lassen Sie sich hierfür am besten von den nachfolgenden Top 10 außergewöhnlichen und praktischen Wohnideen inspirieren und fühlen Sie sich in Ihrem neuen Heim einfach wohl.

Wohnidee 1: Prägnante Tischuhren

Gerade Uhren haben neben ihrer Funktion der Zeitwiedergabe viel zu bieten. Zum einen gibt es auf dem Markt eine Vielzahl an unterschiedlichen Designs und Variationen zu entdecken und zum anderen können Sie mit ihnen Ihre ganz individuellen Vorlieben ausdrücken. Wenn Sie zum Beispiel ein Hobby-Gitarrist oder Motorrad-Fahrer sind, so finden Sie hier bereits viele spannende und außergewöhnliche Tischuhren auf dem Markt. Diese Modelle setzen Ihre Wohnung perfekt in Szene und spiegel darüber hinaus noch Ihre Persönlichkeit wider. Zudem bieten sich Tischuhren auch als Umzugsgeschenk sehr an, da sie immer individuell auf eine Person abgestimmt werden können. Wer sein Zuhause also durch ein außergewöhnliches Accessoire aufpeppen möchte, der sollte sich die Vielzahl an unterschiedlichen Tischuhren-Modellen auf dem Markt einmal genauer anschauen.

Wohnidee 2: Innovative Garderoben

Gerade der Eingangsbereich ist das erste, was wir sehen, wenn wir in der neuen Wohnung nach einem harten Arbeitstag ankommen. Damit Sie sich diesen Anblick versüßen können, sollten Sie auch hier eine praktische sowie schöne Garderobe nutzen. Auf dem Markt gibt es bereits Modelle, die einen wieder einfahrbaren Kleiderhaken besitzen. Der Haken wird dabei immer nach Bedarf heraus gezogen oder gedrückt. Diese spielerische Methode ist nicht nur für Kinder sehr spannend sondern auch für Erwachsene besonders interessant. Eben eine praktische und zugleich außergewöhnliche Wohnidee.

Wohnidee 3: 3D-Tapetten-Akzente

Wer sein neues Zuhause besonders persönlich und individuell gestalten möchte, der kann auf die innovativen 3D-Tapeten zurück greifen. Eine große Vielzahl an unterschiedlichen Designs gibt es hier bereits zu bestaunen. Natürlich können Sie diese Tapeten auch vollkommen in Ihrer Wohnung einsetzen oder aber als Akzent punktuell verwenden. Je nach Ihren eignen und individuellen Vorstellungen können Sie sich so ein ganz eigenes Raumgefühl schaffen.

Wohnidee 4: Magnetischer Messerblock

Auch für die Küche gibt es einige interessante Wohnideen zu bestaunen. Besonders ein magnetischer Messeblock wäre hier zu nennen. Dabei werden die Messer nicht mehr wie gewohnt in einen Holzblock gesteckt sondern auf eine Metall-Platte einfach nur aufgelegt. Das Messer bleibt jedoch an Ort und Stelle haften und kann so einen ganz besonderen Akzent hinter lassen.

Wohnidee 5: Grobe Holzarbeiten

In den Läden sind natürlich fein gearbeitete Holzmöbel Standard. Was wäre aber grob gearbeiteten und fast naturbelassenen und außergewöhnlichen Stücken? Nicht nur sehr spektakulär gewachsene Äste lassen sich so als Wand-Deko perfekt einsetzen. Auch als Ablage oder Tisch sind grobe Holzarbeiten immer ein richtiger Hingucker.

Wohnidee 6: Auffällige und praktische Seifenspender

Wer auch für das Badezimmer nach etwas außergewöhnlichem sucht, der sollte sich auf die Suche nach passenden Seifenspendern fernab vom Mainstream begeben. Schauen Sie sich doch zum Beispiel nach Modellen um, die ein Design einer hochwertigen Alkohol-Sorte besitzen, aufwändige Stuckarbeiten zeigen oder besonders prägnante Farben widerspiegeln. Mit diesen Stücken geben Sie Ihrem Badezimmer einen ganz besonderen Touch und ein unvergleichliches Raumgefühl.

Wohnidee 7: Einzigartiges Tierzubehör

Gerade wenn Sie ein Haustier besitzen, sollten Sie sich auch immer auf die Suche nach praktischem sowie außergewöhnlichem Tierzubehör begeben. Wenn Sie zum Beispiel eine Katze haben, so gibt es auf dem Markt bereits Katzenklos mit abgestimmten Katzenohren-Design und einer speziellen Reinigungsfunktion. Aber auch Kratzbäume werden mittlerweile immer kreativer und zu einem wahren Raumschmuck. Schauen Sie sich einfach einmal außerhalb des Mainstream um oder gestalten Sie entsprechendes Zubehör einfach selbst.

Wohnidee 8: Prägnante Spiegeldesigns

Auch Spiegel können in Ihrem neuen Zuhause perfekt zur Geltung kommen. Wie wäre es zum Beispiel mit einer Spiegelkommode zum Schminken für die Damen in einer eigenen Ecke? Oder einem Spiegel in Form eines Landes oder eines Autos, um das Hobby oder die Herkunft zu symbolisieren? Wie Sie sehen können auch Spiegel mehr als nur das eigene Bild zeigen. Wenn Sie sich auf die Suche nach einem ganz persönlichen und außergewöhnlichen Stück begeben, werden Sie Ihrem Zuhause einen ganz besonderen Charme verleihen.

Wohnidee 9: Höhen versetzte Regale

Um mehr Tiefe und Ausdruckskraft in Ihre Zimmer zu bekommen, können Sie mit vielen Höhen und Tiefen spielen. Wie wäre es zum Beispiel mit Höhen versetzten Regalen für Gewürze oder Hobbygegenstände? Auch Sammlungen können durch versetzte und einzelne Regale viel besser in Szene gesetzt werden.

Wohnidee 10: Die Kindheit wiederbeleben

Jeder Mensch bleibt irgendwie in seinem Leben bis zu einem bestimmten Teil ein Kind. Je nach eigenem Geschmack können Sie Ihre Kind gebliebene Seite perfekt zeigen. Wie wäre es zum Beispiel mit einer Hollywood-Schaukel als Sofa in Ihrer Wohnung? Oder Wandbildern mit spielerischen und veränderbare Motiven und Hebeln? Auch alte Spielautomaten können das perfekte Möbelstück sein, um das eigene Zuhause in einem ganz besonderen Glanz erstrahlen zu lassen.

Checkliste frische Ideen für den Umzug

Wie Sie in den voran gegangenen Zeilen erkennen konnten, gibt es eine Vielzahl an inspirierenden Ideen für Ihr neues Zuhause. Neben organisatorischen Aspekten können Sie so auch eine große Menge frischer Ideen erhalten. Gehen Sie hierfür doch einfach einmal etwas in Baumärkten oder Einrichtungsgeschäften bummeln. Auch eine Recherche im Netz wird Ihnen bestimmt die ein oder andere außergewöhnliche Idee offenbaren.

Trauen Sie sich also einfach mal etwas anderes. Fernab vom Mainstream und dem allgemeinen Bild. Natürlich immer abgestimmt auf Ihren eigenen und persönlichen Geschmack. So werden Sie sich bestimmt schnell und einfach in

Ihrem neuen Heim Zuhause fühlen können. Nichtsdestotrotz habe ich Ihnen nachfolgend die wichtigsten Aspekte für das bessere Einleben in Ihrem neuen Zuhause zusammengefasst. So werden Sie sich auch an einem ganz neuen Standort schnell heimisch fühlen.

Checkliste frische Ideen für den Umzug

Aufgabe	Erledigt	Wird erledigt am
Richtiges Einpacken (Schwere Dinge nach unten, Leichtes nach oben)	o Ja o nein	
Kartons beschriften oder Nummerieren	o Ja o nein	
Ggf. eine Kartonliste erstellen	o Ja o nein	
Umzugshelfer mit dem Umgang der Kartons schulen (auf Beschriftung hinweisen)	o Ja o nein	
Geeignete alternative Packmaterialien finden	o Ja o nein	

(Schutzfolien, Luftpolsterfolie, etc.)		
Wertgegenstände allein transportieren oder bei Vertrauten unterbringen	o Ja o nein	
Unwichtige Dinge zuerst einpacken (wie Bücher, CD´s, etc.)	o Ja o nein	
Küchengeräte möglichst frühzeitig abtauen und reinigen (spätestens 1-2 Wochen vor dem Umzug)	o Ja o nein	
Gemeinschaftsräume sauber halten und Kontakt zu Nachbarn herstellen	o Ja o nein	
Partys und Feierlichkeiten bei Nachbarn nach dem Einzug frühzeitig anmelden	o Ja o nein	
Fragile Gegenstände gesondert kennzeichnen	o Ja o nein	

Möbelstücke und Schubladen mit Klebeband sichern	o Ja o nein	
Sicherheitsgurte für sperrige Objekte besorgen	o Ja o nein	
Am Tag des Umzugs die Wohnung nach zurück gelassenen Objekten sorgfältig durchsuchen	o Ja o nein	
Auf die Suche nach inspirierenden Einrichtungsgegenständen für die neue Wohnung gehen	o Ja o nein	
Ggf. neue Einrichtungsgegenstände selbst anfertigen	o Ja o nein	

Notizen

Clever umziehen mit der Umzugsbibel

Stressfrei ins neue Heim

Nachwort

Zusammenfassend lässt sich erkennen, dass ein Umzug viele Gesichter zeigen kann. Damit Sie in Zukunft wirklich stressfrei in Ihr neues Zuhause gelangen können, sollten Sie sich zunächst über alle relevanten Aspekte Gedanken machen. Planen Sie lieber zu viel als zu wenig. Denn nichts ist schlimmer, als wenn Sie am Umzugstag nicht nur vollkommen gestresst und ausgelaugt sind sondern auch diese Gefühle mit ins neue Heim nehmen.

Versuchen Sie sich so früh wie es geht, wenn möglich schon 6 Monate vor dem Umzug, mit dem Wohnortwechsel zu beschäftigen. Schieben Sie die Aufgaben nicht bis zur letzten Minute auf und starten somit dem Umzug vollkommen planlos. Holen Sie sich im Zweifelsfall eine fundierte Unterstützung in Ihrem Freundes- oder Familienkreis, wenn Sie selbst nicht so gut planen und organisieren können.

Achten Sie zudem auch auf einen seriösen Umzugsservice, wenn Sie Ihrem Umzug nicht in Eigenregie stemmen wollen. Machen Sie ausreichend Bilder von Ihrem Umzugsgut, dokumentieren Sie alle wichtigen Aspekte und holen Sie sich einen Zeugen an Ihre Seite. So sind Sie wirklich auch langfristig gesehen immer auf der sicheren Seite. Denn auch bei Profis kann an einem schlechten Tag schon einmal etwas schief laufen. Und wenn dann das lieb gewonnene und geerbte Möbelstück aus der Familie beschädigt wird und Sie auf den Kosten sitzen bleiben würden, ärgern Sie sich sehr.

Sie können natürlich auch zu jeder Zeit die Verbraucherzentrale in Ihrer Nähe um Rat fragen. Holen Sie sich stets professionelle Hilfe und im Notfall bei rechtlichen Dingen auch von einem Anwalt. Sehen Sie die Kosten hierfür auch als Investition in Ihre zukünftigen Umzüge an. Selbstverständlich wird Ihnen auch ein versierter Rechtsbeistand bei Schwierigkeiten unterstützend und kompetent zur Seite stehen können. Verlassen Sie sich also nicht nur einfach auf Ihr Glück, sondern handeln Sie bevor Sie im späteren Verlauf entkräftet und genervt in Ihrem neuen Zuhause ankommen.

Mit den Tipps dieses Ratgebers haben Sie schon den ersten Schritt für einen stressfreien und soliden Umzug getan. Nun liegt es an Ihnen, die Ratschläge zu befolgen und Hilfe anzunehmen. Aber ich bin mir sicher, dass Ihnen dieses Unterfangen gelingen wird.

Ich wünsche Ihnen eine wunderbare und stressfreie Zeit in Ihrem neuen Zuhause.

Boris Stilper